해 뜨는 보건실

김미린 시조집

가히 시선 015   김미린 시조집

해 뜨는 보건실

가히

시인의 말

댓돌 위 툇마루에 봄볕이 찾아드니
민들레 노랗게 핀다.

이제 빈집이 소란해질 차례다.

이제 내가 정색을 해야 할 차례다.

2025년 7월

김미린

차례

시인의 말

제1부

나의 어린 왕자에게 · 13
하루 · 14
철부지들 · 15
이상한 미용실 · 16
그래도 사과는 익는다 · 17
림보 · 18
성장통 · 20
증거물 · 21
다시 쓰는 걸음마 · 22
재봉틀 · 23
지퍼 · 24
소나기 · 25
모자이크 · 26
증명사진 · 27
부처손 · 28

제2부

여덟 살 아이가 아인슈타인을 읽는 법 · 31

첫눈 · 32

옹알이 · 33

해 뜨는 보건실 1 · 34

해 뜨는 보건실 2 · 35

해 뜨는 보건실 3 · 36

해 뜨는 보건실 4 · 37

해 뜨는 보건실 5 · 38

해 뜨는 보건실 6 · 40

해 뜨는 보건실 7 · 41

다 때가 있는 법 · 42

우리 사이에 정답이 있을까 · 43

감자를 등에 업고 · 44

담쟁이 · 45

봄비 · 46

제3부

이팝나무 서점 · 49

단추 · 50

알밤 · 51

소금쟁이 · 52

오류 · 53

딸이 사랑하는 법 · 54

갱년기 · 56

나의 사생활 · 57

또다시 핀 꽃 · 58

고마리 · 59

반딧불이 · 60

소통 · 61

알레르기 · 62

모네 · 63

또 하루 · 64

제4부

안과 밖 · 67

꽃을 읽다 · 68

넌 누구니 · 69

꽃샘추위 · 70

늦게 피는 꽃 · 71

신발 멀리 던지기 · 72

잡초와 전쟁 중 · 74

동거 · 75

아버지 · 76

책방 · 77

우포늪 · 78

충주 · 79

부작용의 날들 · 80

자존심 · 81

연륜 · 82

제5부

고드름 · 85

비문증 · 86

나방입니다 · 87

경이 · 88

죽고 사는 일 · 89

목마가렛 이야기 · 90

竹 · 91

소꿉친구 · 92

철새 · 94

당신에게 · 95

어머니 아리랑 · 96

클라이밍 · 97

아버지의 길 · 98

적응 · 99

불꽃 · 100

해설 유리벽 너머의 '우리' · 101
　　　이송희(시인)

제1부

나의 어린 왕자에게

너를 만난 날은 자꾸만 웃음이 나
마음이 넓어지고 지혜를 껴입게 돼
이렇게 성장한다면 성인이 될 것 같아

하루

달팽이는 촉촉하게 풀밭을 건너가고
누렁소는 누워서 한낮을 건너는데
엄마는 살기 위해서 꽃 피는 걸 잊었다

철부지들

일교차 견디느라 기운을 다 썼는지
서리 맞은 튤립이 물음표가 되었다
교문 옆 철부지 목련 날벼락을 맞았다

냉정과 열정 사이 일교차는 몇 도일까
산란한 개구리가 서둘러 돌아선다
그래도 춘몽은 있는지 꽃 속으로 뛰어든다

이상한 미용실

파마약은 독하고
염색약은 더 독하니

급한 연애 아니면 한 달 후에 들르란다

면사포 다시 쓸까 봐
해코지하는 미용사

그래도 사과는 익는다

벌레도 갉아먹고 까치도 쪼아 먹고
아무나 날아와서 한솥밥을 먹는다

그래도 사과는 익는다
아껴가며 익는다

림보

이승과 저승 사이
서 있다고 생각해

못할 게 뭐 있겠어 신 내린 듯 춤을 춰

순간을 넘길 때까지
욕망은 참아야 해

생각이 유연하면
모든 일은 해결돼

폭풍에 대처하는 영리한 갈대를 봐

온몸을 눕히면서도
꺾어지지 않잖아

사는 게 고단할 땐
고개 들어 하늘을 봐

무릎은 굽혀도 자존심은 지켜야 해

세상이 털끝 하나도
건드리지 못하게

성장통

마음이 힘들 때는 나무를 심어보렴
조용히 응원하며 그냥 믿고 기다려봐
언젠가 너의 물음에 꽃 필 날이 올 거야

대답이 없더라도 슬퍼할 필요 없어
때 되어 잎이 나면 꽃 피고 향도 나지
사랑이 차오르는 걸 온몸으로 느껴봐

희망이 자라도록 그릇을 키워 볼까
한 발씩 내디뎌봐 밝은 빛이 보일 거야
그렇게 오르다 보면 하늘에도 닿을걸

증거물

가녀린 청상추가 텃밭에 널려 있다
푸르던 옷가지는 뭉개져 너덜하다
배고픈 본능의 농간 고라니 소행일까

겉옷은 남겨두고 속옷만 사라졌다
지문도 발자국도 면밀하게 숨겼다
죄 없는 깨끗한 피만 억울함을 알린다

옹색한 어깨 위에 햇살이 다가온다
작은 몸 웅크리며 꿈결 속을 헤맨다
의심만 꽃을 피운 채 입을 다문 피해자

다시 쓰는 걸음마

엄마는 새삼스레 걸음마를 또 배운다
삐딱한 이 세상을 바로잡아 보려는지
자꾸만 허리를 꺾어 굽은 세상 바라본다

재봉틀

마음을 한 줌 접어 거울에 비춰보다
밑단을 뚝 자르고 시접선을 꺾는다
나에게 너를 맞추며
시침 핀을 꽂는다

재봉틀 발소리가 술렁술렁 굴러간다
외길로 삐뚤빼뚤 서투르게 따라간다
들숨이 바늘땀을 센다
노루발이 뜨겁다

지퍼

두 손을 꽉 붙잡혀 오도 가도 못한다
벗어나려 애쓸수록 수렁은 깊어진다
서로를 갉아먹어도 헤어나지 못한다

가만히 바라보며 속마음을 읽는다
한 번은 물러서고 한 번은 다가선다
평생을 여닫이 하는 금실 좋은 부부다

소나기

한여름 빈 교정에 도둑처럼 다가온다
모든 걸 내어줄 듯 성급하게 쏟아붓고
운동장 젖기도 전에 다 버리고 가는가

가난한 발자국에 마른 손 포개 본다
교문 밖 다리 건너 앞산까지 배웅하며
맨발로 뒤돌아선다 빈 하늘이 푸르다

모자이크

흐리다 흐려진다
지운다 지워진다
스민다 스며진다
겹친다 겹쳐진다

자세히 들여다봐야 내 얼굴이 보인다

증명사진

어깨에 힘 빼시고 턱은 좀 당기세요
고개는 왼쪽으로 약간만 돌리세요

힘주고 살아온 날이
구겨졌다 펴진다

부처손

깜깜 절벽 바위틈에 불심을 심는다
손 없는 손을 모아 기도하며 버틴다
견뎌야 성불한다는
단순 진리 붙잡고

제2부

여덟 살 아이가 아인슈타인을 읽는 법

이 책은 너무 멋져
세상에서 제일 좋아

원 없이 읽으면서 옆구리에 끼고 잔다

아들이 천재인 줄 알았다
위인을 뛰어넘는

그 책이 왜 좋으니
궁금해서 물어본다

아무리 읽어봐도 이해할 수 없어요

뒤통수 세게 맞는다
이해하기 어렵다

첫눈

어저께 내린 눈이 운동장에 누워요
아이들이 남긴 작품 소중하게 지키려고
밤잠을 잊었나 봐요
간신히 실눈 떠요

두 발을 강시처럼 콕콕 찍은 발자국
네 발로 기어가다 뒹굴뒹굴 굴러간 길
낙서에 얼굴이 보여요
발자국 속 꽃잎들

숨 쉬는 눈사람이 기다랗게 눕자마자
꽃이 된 아이들이 고물고물 안기네요
아이들 웃음소리가
운동장을 채워요

옹알이

눈빛만 마주쳐도 대화가 통합니다
봉오리 먼저 피고 향기가 돋아나요
통역은 필요 없어요
꽃은 이미 폈으니

묻는 말 엉뚱해도 당황하지 않아요
표정을 읽으면서 표정으로 대답해요
소통을 다시 배워요
진 꽃을 또 피워요

해 뜨는 보건실 1
―민우

문 열고 머뭇대다 들어오며 다가온다
머리가 아팠다가 토할 것 같았어요
순순히 침상에 앉으며
마른침을 삼킨다

침대보 모서리를 접었다가 펴다가
나는요 웬만하면 아프다고 안 해요
단호한 표정 속으로
슬픔이 숨는다

얼굴을 찡그리며 가슴을 문지른다
용돈은 주셨어요, 전화도 매일 해요
엄마만 있으면 돼요
다 필요 없어요

해 뜨는 보건실 2
—호인

발꿈치 아프다고 절뚝이며 왔다가
눈치만 살펴보다 문 닫고 돌아선다
마음은 속도가 빨라 재빠르게 낚는다

색깔이 튄다거나 발음이 둥글거나
혼자서 뱅뱅 돌며 맥없이 벽 쌓는다
외로운 다문화 가정 허공 속에 문 낸다

사실은 말이에요 엄마가 오셨어요
어젯밤 텐트에서 셋이 같이 잤어요
다시는 안 간댔어요 베트남은 꽤 멀대요

해 뜨는 보건실 3
― 민호

창백한 패딩 옷에 아이가 갇혀 있다
가슴을 움켜쥐고 바닥만 보고 섰다
삭히지 못한 마음을
울컥울컥 쏟는다

맞붙은 두 입술이 달싹이다 닫힌다
이따금 뱉는 숨이 거칠게 흩어진다
토사물 다 닦아내도록
나오는 건 신음뿐

움켜쥔 두 주먹이 떨다가 멈추다가
식은땀에 갇힌 몸이 시트 위로 쓰러진다
불덩이 삼켰나 보다
열꽃이 피고 있다

해 뜨는 보건실 4
─ 연우

왼손이 오른팔을 떠받들고 들어오네
걸음은 내려앉고 양어깨는 올라가고
턱까지 흐른 입꼬리에
눈물이 매달리네

친구를 쫓아가다 왼발이 걸렸어요
넘어지지 않으려고 버티다가 이렇게
콧물을 집어삼키네
울음을 내놓네

해 뜨는 보건실 5
— 영희

문고리 잡고 서서
얼굴만 들어온다

자로 잰 앞머리와 계단이 된 뒷머리

어젯밤 할아버지가……
말꼬리가 잘린다

걱정이 그렁그렁
마음은 수렁수렁

두 눈이 마주치자 눈물이 마중한다

만 가지 생각이 흐른다
캐묻기가 두렵다

무슨 일 생긴 거니
귓속으로 가고 온다

사람이 피 토하면 죽을 수도 있나요

슬픔을 껴안는 동안
엄습하는 불안들

해 뜨는 보건실 6
— 민희

우당탕 소란 속에 너는 항상 웃고 있지
무릎이 으깨져도 붉은 꽃이 다시 펴도
웃어야 살 수 있단다
스무 개 하얀 치아

다쳐도 피가 나도 아프지 않은걸요
해맑은 표정에서 체념을 읽는다
아프면 아프다고 하렴
따듯하게 안아줄게

해 뜨는 보건실 7
—밥줄

혈압계 소독밴드 체중계 소독 집게
소독약 수성 거즈 진통제 손톱깎이
소화제 의료용 가위 손소독제 소독솜
비타민 피부 연고 물파스 인공눈물
해열제 구급 들것 컴퓨터 한방파스
이것이 나의 밥줄이다
공손하게 받든다

다 때가 있는 법

찬밥이 남은 날은 누룽지를 만든단다
냄비에 물 뿌리며 식은밥 얇게 펴고
묵묵히 기다리는 거야
바삭해질 때까지

마음이 조급하면 되던 일도 그르치지
뒤집고 긁어봐도 뭉치고 으깨지고
때 되면 절로 일어서지
살아보니 그렇구나

우리 사이에 정답이 있을까

심지도 않았는데 댑싸리가 자란다
가꾸지도 않았는데 추억만큼 부푼다
저절로 명품이로다
금수저가 틀림없다

허리를 대충 묶어 마당을 쓸어내면
쓸어낸 자리마다 새싹이 돋는 비밀
스스로 깨어났구나
틀림없는 흙수저

감자를 등에 업고

연풍면 골짜기에 들꽃은 피고 지고
동그란 할머니가 잡풀을 매고 있다
감자 싹 눕는 계절에 등이 바짝 굽는다

울 손주 참말로 감자를 좋아하제
손발은 바쁘지만 재롱을 등에 업고
눈주름 갈피 갈피에 감자꽃이 핍니다

담쟁이

금이 간 흙벽 타고 담쟁이가 오른다
한 뼘씩 조심스레 눈금을 읽어가며
세월에 찢어진 상처 한올한올 꿰맨다

봄비

당신은 약속대로 빈 땅에 찾아와서

가난한 곳곳마다 넘치게 채웁니다

오늘도 꽃이 됩니다
아낌없이 핍니다

제3부

이팝나무 서점

골목길 벗어나면 신간 서적 쏟아진다
책 무덤 속에 묻혀 향기에 취하다가
봄날에 베스트셀러 목을 빼고 읽는다

꽃피는 이야기는 벌들이 와서 듣고
어려운 필경사는 새가 와서 듣는다
저들이 다 읽기 전에 내가 먼저 읽는다

단추

당신을 정리하며 단추를 챙깁니다
밝거나 어둡거나 모나거나 둥글거나
특별히 소중한 것을 바구니에 담아요

당신을 생각하며 단추를 고릅니다
크거나 모났거나 튀는 것들 속에서
무심해 편안한 단추 앞섶에다 달아요

알밤

바깥이 궁금해서 견딜 수가 없었다
기회를 엿보다가 반생이 흘러갔다
마음이 흔들릴까 봐 탯줄부터 끊었다

소금쟁이

나는 꼼짝없이 연못 속에 갇혔어요

투명한 감옥 위에 펼쳐진 생의 진법

사슬이 풀릴 때까지 초록을 그릴 테요

반으로 접힌 얼굴 거울 속에 있답니다

무채색에 갇힌 영혼 유채색을 꿈꾸면서

입술이 포개지는 날 기다리고 있을 테요

오류

햇빛을 등에 지고 물웅덩이 바라보며
개구리 되어가는 사연을 읽고 있네
변신을 꿈꾸고 싶어
접선하는 중이네

오른쪽 검지를 펴 동그라미 그려 보네
물에 비친 얼굴보다 더 작게 더 예쁘게
욕심이 너무 컸는지
웅덩이가 작아지네

딸이 사랑하는 법

닭이 먼저일까
알이 먼저일까

수평선 지평선을 경계 없이 허물고

근본을 찾아본다며
닭장 안을 드나드네

때로는 산기슭에
닭들을 풀어놓고

헤집고 벌레 잡는 야생을 좇고 있네

모두가 서투른 시간
알 하나를 품어보네

그림자 앞세우고
제 그림자 밟으면서

호기심 크기만큼 본성을 알아가네

밤마다 도감 펼치며
품은 알을 또 깨면서

갱년기

꽃잎을 벌려가며 화장을 덧발라요
무대에 오를 때를 정확히 알고 있죠
날개를 접었다 펴며
닫힌 막을 열어요

입술은 달콤하고 꽃가루는 풍부해요
부전나비 반딧불이 벌도 다시 돌아와요
외모는 필요 없는지
꿀을 빨고 있어요

나의 사생활

그림자 길어진다
하루가 눈 감는다

채송화 꽃집 닫고
동백은 잎 접는다

신나게 화장 고쳤는데
오늘도 야근이다

또다시 핀 꽃

유모차 앞세우고 아기처럼 걸어간다

무시로 흔들리며
꽃을 입고 걷다 서다

그대로 활짝 피었다
또다시 핀 꽃이다

고마리

그녀는 당당하게 장미 옆에 자랍니다
족보는 있는 걸까
믿어도 되는 걸까
비밀리 정조를 열어 확인하고 싶네요

떡잎은 단단하고 눈빛이 빛나네요
피기는 하는 걸까
향기는 품었을까
감각을 믿기로 해요 틀린 적이 없으니

차림새 정갈하고 헤프지 않습니다
첫인상은 좋아요
이상형에 가깝네요
주파수 맞추다 보면 오른편이 되겠죠

반딧불이

달콤하고 요염하게
부드럽고 강렬하게

날개가 다 타도록
여릿여릿 가냘프게

영혼이 헛꽃이라도 끝끝내 불 밝히는

소통

중심을 비우며 아침을 일으킨다
늘리고 비틀거나 풀다가 말았다가
그러면 대화 좀 할까
발신지는 허리쯤

오른쪽 옆구리와 교신을 주고받다
끊기는 신호음에 적잖이 당황한다
말허리 잘라먹으며 떨어지는 빗방울

연이은 비 소식에 푸념이 늘어간다
심장이 짓눌린다 상처가 드러난다
중심이 희미해질수록
뚜렷해진 안과 밖

알레르기

복숭아 삼키다가 목에 걸려 넘어진다
가렵기 시작하자 온몸이 반항한다
멀미가 치고 올라와 입속까지 부푼다

뱃속이 뒤틀린다 눈앞이 캄캄하다
호흡이 가빠진다 의식이 희미하다
한나절 삐걱거리며 화해하는 중이다

모네

무한정 비는 오고
수련은 배회한다

귓불이 간지럽다
젖은 몸 더 젖는다

무아경 순간에 든다
꽃 모가지 눕히고

또 하루

더덕과 도라지를 얼기설기 쌓아놓고
노파는 엉성하게 오후를 다듬는다
손등에 들러붙은 검버섯
더덕더덕 벗긴다

제4부

안과 밖

유리벽 투명 속을 하늘소가 걷고 있다
생각은 끝이 없어 출구가 막혀 있다
영원히 벗어날 수 없다
허공이 감옥이다

꽃을 읽다

금잔화 꽃이 지면
못 오는 줄 알았다
짓밟히고 뭉개져도 꿈쩍도 안 하더니
장마에 몸을 푸는가
씨앗을 내놓는다

뇌사상태 임신부가
출산을 기다린다
태아를 키우느라 끊긴 숨 이어간다
사랑은 그런 것이다
고통 품고 사는 것

넌 누구니

여러 가지 씨앗을 한꺼번에 뿌려놓고
떡잎을 열 때마다 무릎 꿇고 영접한다
도무지 알아볼 수 없는 네 고향은 어딜까

백일홍 아주까리 맨드라미 코스모스
올라야 수레국화 네모필라 캐모마일
본잎이 나올 때마다 네 뿌리를 찾는다

꽃샘추위

곳곳에 서려 있는 나른한 춘곤증이 차가운 회초리에 화들짝 깨어난다

매웠던 어머니 속정
이제서야 알겠네

늦게 피는 꽃

유복자 아버지가 아버지를 만납니다
원망과 갈망 사이 앙상하게 뼈로 남은
단번에 알아봅니다
속으로만 삼킨 당신

아버지 나이만큼 묻어 삭힌 뭇 날들
가슴속 깊이 박혀 발음조차 잊었던

아 버 지

팔십오 년 만에
어린애가 됩니다

신발 멀리 던지기

신발을 높이 던진다
무지개가 펼쳐진다

환호성이 울린다 하늘까지 닿는다

만국기 펄럭일 때마다
아이들이 자란다

신발을 멀리 던진다
허기가 날아간다

명예가 따라간다 체면이 앞서간다

욕망은 멀어질수록
더 또렷이 보인다

탐욕은 가장 높이
치솟다가 뭉개지고

호기심은 낮게 날아 물수제비 뜨며 간다

신발이 닿는 곳까지
날갯짓을 펼친다

잡초와 전쟁 중

뿌리 깊은 원주민을 당해내지 못하겠다
아무리 뽑아내도 새 뿌리로 응수하는
잡초도 의술이 있는지
호미로는 못 막겠다

분신술 인해전술 각종 병기 다 갖추고
가뭄과 긴 장마에 최적화된 유전자
우리도 너와 같아라
굴종하지 말아라

동거

담장은 소리 없이 늙어가는 중이다
늘어난 검버섯이 표정을 파먹는다
쪼그려 앉은 자세로
꽃그늘을 키운다

장미는 팔을 뻗어 노인을 껴안는다
야윈 몸 관절마다 받쳐주고 붙여주며
불빛이 꺼지지 않는다
밤낮으로 돌본다

아버지

밀고 당기면서 명심보감 읽고 있네
뿌옇게 흐리더니 날파리가 날린다며
저 멀리 달아난 말씀 힘겹게 불러오네

절반은 꽃이 되고 절반 아직 남았는데
키 줄고 몸도 줄고 검불처럼 흔들려도
돋보기 넘겨보면서 삶의 지혜 소환하네

책방

책 속에 묻혀 사는 그녀는 향기롭다

책장 속에 묻혀 사는 그녀는 위태롭다

자기가 꽃인 줄 모르고 남의 꽃만 피운다

쇄골이 다 드러나 서늘하고 가냘픈

사람과 사랑 사이 흔들리는 먼지 꽃

소설은 다 읽었는지 사설만 쌓여 있다

우포늪

우포늪 둘레길을 둘이 함께 걸어가다
살포시 치마 걷고 맨발을 찍습니다
발밑에 뿌리내리면 한달음에 가겠어요

버드나무 가지 뒤에 갈대가 숨었네요
가야 할 초입에서 망설인 적 있습니까
첫발은 떨리겠지요 한때 나도 그랬듯

충주

눈 덮인 달래강에 햇살이 내립니다
바위틈 들락날락 강물이 숨을 쉬고
배고픈 수달 가족은 하루해가 짧습니다

보듬다 끌어안다 달리다   아가다
경쾌한 웃음소리 겨울을 깨웁니다
이런 게 행복이란 걸 알고 있나 봅니다

엄마가 하는 대로 쪼르르 따라가다
아빠가 뒹구르면 아이들이 덮칩니다
이런 게 사랑이란 걸 알아가나 봅니다

부작용의 날들

터진다
쏟아진다
줄어든다
멀어진다
마른다
넘어진다
뒤틀린다
굳어간다
꺾인다
타들어 간다
맞붙는다
삭는다

자존심

꿀벌이 맴맴 돌다
팔등에 침 꽂는다

꽃인 줄 알았는지
꽃 진 걸 알았는지

꽁무니 빠지면서도
달아날 줄 모른다

연륜

흐려진 두 눈으로 천리를 내다보고

어두운 귀동냥에 꿰뚫는 세상만사

글 한 줄
읽지 못해도
백과사전 읊는다

제5부

고드름

마음이 삐딱할 땐 조금씩 비워보렴
하나를 받았다면 두 개를 주는 거야
가끔은 거꾸로 봐야 보이는 게 있단다

거짓말에 자라나는 피노키오 코를 봤니
욕심이 자라나면 심장에 뿔이 돋아
마음이 따듯해져야 사라지는 가시 뿔

비문증

날파리 한 마리가 눈 안에 든 적 있다
기어이 꺼냈으니 널 잊은 지 오랜데

눈앞에 아른거린다
사랑한 적 없는데

나방입니다

밤이면 더 빛나는
존재가 빛인 당신

날개가 찢기도록
심장이 터지도록

뜨겁게 달려왔어요
짝사랑은 무죄니까

경이

수벌은 고공에서 사랑에 목숨 걸고
제 몸을 먹히면서 메뚜기는 사랑한다
본능만 살아 있었네
죽을 것을 알면서

청춘은 허리 감고 폭염을 건너가고
노부부 논두렁을 기역자로 걸어간다
하나가 된다는 것은
실로 경이로운 일

죽고 사는 일

입 다문 가방에서 전화벨이 울린다
어르신 일자리 불합격 소식이다
못 날을 죽어야 한다며
엄마가 앓는다

책상 위 전화기가 흔들리며 크게 운다
어르신 일자리 추가 합격 소식이다
이제는 살았다고 한다
목소리가 힘차다

목마가렛 이야기

그늘로 옮길까요
주말 동안 다 말랐네
시든 꽃을 잘라내며 옆자리가 말한다
피고도 피지 못한 꽃
그늘을 업고 간다

살려면 또 피겠죠
이쁜 건 값을 해요
이쁜 걸 탓하면서 꽃 밑으로 물을 준다
아직은 피지 않은 꽃
빛을 따라 고개 든다

竹

삐딱한 욕심들은 애초에 다 비웠다
풀인 척 나무인 척 경계를 넘나들며
드넓은 우주를 향해 뻗어가는 중이다

바람이 불 때마다 매듭을 감으면서
벼락이 칠 때조차 날개 접지 않는다
욕망은 멈출 수 없어 직진하는 중이다

그곳에 닿는 길은 셀 수 없이 많지만
결백한 지름길로 푸른 열차 달려간다
너에게 닿기 전에는 꽃 피우지 않겠다

소꿉친구

찻물을 올린다
딱 두 잔 채울 만큼

어여쁜 진달래꽃 한 줄기 손에 들고

마음은 삽작거리를
서성이며 설렌다

달콤한 기다림이
어물쩍 식어가고

찻물은 덜컹덜컹 한숨을 토해낸다

나만큼 속이 탔더냐
쉬 오잖는 그리움

졸아든 주전자는
또다시 채워지고

춘삼월 꽃바람에 벙그는 매화처럼

고소한 팝콘 이야기
튀겨댄다 둘이서

철새
— 희망

희망이 거기 있다
수만 번 생각해도

그곳에 가야 한다
수천 킬로 날더라도

작전명; 가슴에 품은 씨앗
꽃으로 필 때까지

그곳으로 가야 한다
천릿길을 나는 철새

물 질러 산 돌아가네
씨앗 하나 품고 가네

작전명; 결기를 품고
꽃으로 필 때까지

당신에게

텁텁한 황무지를 감정 없이 일구면서
계절이 바뀌어도 한결같이 씨 뿌리며
피어도 꽃인 줄 모르고
앞만 보고 달리던

소금은 다 녹아도 소멸하지 않습니다
빛줄기는 작은 틈도 밝히며 통합니다
한 일을 다 담을 수 없어
오히려 작은 당신

어머니 아리랑

밭이랑 사이에는
함박꽃 피워 놓고

살이랑 사이에는
웃음꽃 피워 놓고

어머니
발자욱마다
꽃향기가 납니다

클라이밍

누구도 간 적 없는 그 열정에 닿겠어
호흡은 짧게 끊고 복근은 지켜야 해
알통을 접었다 펴며 덩굴손을 뻗는다

틈새로 오르다가 휘어 감고 건너뛴다
양기가 돋아나면 그 순간을 낚아챈다
힘차게 왼다리 걸며 꼭짓점에 닿는다

아버지의 길

여든을 바라보며 시작한 붓글씨가

밭고랑 곧게 켜듯 화선지 줄 세우고

정갈한 삶의 흔적을 흑백으로 채운다

적응

해거름 산책길에 이끼를 만났지요
보도블록 틈에 끼어 꼼짝할 수 없는 몸
이대로 세상이 끝날까 봐
걱정하진 마세요

이슬로 연명하고 무릎으로 기면서도
안쪽을 이해하며 바깥을 그립니다
의도가 있었을까요
반듯하게 자라는

불꽃

박스 속 나도풍란 잊힌 채 말라간다
이파리 구겨지고 몸매는 틀어지고
고독이 잎맥 사이로 흐르다가 멈춘다

말라붙은 엉덩이로 야윈 몸 지탱하며
늘어진 이파리는 화석이 되어간다
그래도 꽃대를 올린다
불씨는 살아 있다

해설

유리벽 너머의 '우리'

이송희(시인)

1.

에마뉘엘 레비나스Emmanuel Levinas는 인간 존재의 근원을 타인과의 관계 속에서 찾는다. 그는 '얼굴face'이라는 개념을 통해 타인의 존재 앞에서 우리가 가져야 할 책임과 응시를 강조했다. 인간은 결코 고립된 채 완성되지 않으며, 타인의 고통과 목소리를 들을 수 있을 때 비로소 온전해진다는 것이다. 하지만 경쟁이 미덕이 되고, 배려는 손해로 여겨지는 시대를 살아가며 자신의 욕망에 스스로 갇혀버리는 이들이 많다. 그러나 진정한 삶은, 내가 아닌 우리가 만들어질 때 가능하다. 사랑과 포용은 인간 존재의 가장 깊은 본성을 일깨우며, '단독의 삶'에서 벗어나게 해주는 근본적인 요소다. 문학은 타인의 눈물과 웃음을 내 안으로 불러들이고, 혼자서는 도달할 수 없는 연대의 가능성을 지속적으로 꿈꾸어 왔다. "사랑은 주는 행위이며, 그 행위 자체에서 기쁨을 얻는 능동적인 힘"이라고 했던 에리히 프롬Erich Fromm의 말은 사랑을 단순한 감정이 아닌 의지적이고 능동적인 삶의 태도로 규정한다. 그의 말처럼, 진정한 사랑이란 자신을 비우고, 타인을 있는 그대로 받아들이며, 성장시키려는 태도다. 이러한 관점은 현대 사회에서 점점 사라져가는 '깊이 있는 관계 맺기'와 '무조건적인 수용'의 가치를 되새기게 한다. 경쟁과 갈등과 배제가 일상화된 사회 속에서, 타인의 존재를 온전히 받아들이고 함께 살아가려는 의식적 실천은 우리가 놓치기 쉬운 가장 본질적인 삶의 기술이자, 인간다움을 지키는 길이기도 하다.

 김미린 시인의 『해 뜨는 보건실』은 따뜻한 인간관계의 회복과 사랑의 실천, 꿈의 발현이라는 상징과 은유로 충만하다. 시인의 언어는 자기 응시와 자기 이해의 과정에서 비롯하여 자신과 관계 맺는 모든 대상이 자신의 삶을 형성하는 필수불가결한 요소임을 깨닫는 지점에서 싹튼다. 시인은 지나친 탐욕과 자기중심적인 태도가 자기 삶에 결코 풍요를 보장해 주지 않는다는 것을 알기에, "마음이 조급하면 되던 일도 그르"(「다 때가 있는 법」)칠 수 있다는 것과 "욕심이 너무 컸는지/웅덩이가 작아지"(「오류」)는 것이라는 삶의 경험을 조언한다. 또한 시인은 "유리벽 투명 속"(「안과 밖」)을 인지하지 못하면 결국 고립되어서 소멸할 수도 있다는 것을 알려주며, 자신에게 국한되지 말고 우리 모두를 위해서 사랑을 실천해야 삶을 지속할 수 있다고 본다. 그리고 「림보」라는 시를 통해 시인은 "생각이 유연하면/모든 일은 해결"될 것이라는 희망을 보여준다. "대답이 없더라도 슬퍼할 필요 없"(「성장통」)이, "그렇게 오르다 보면 하늘에도 닿을" 것이라는 시인의 언어는, 타인을 있는 그대로 수용하는 것이 곧 자기 자신을 확장하는 통로이며, 인간 사이의 신뢰와 공감, 나아가 공동체적 연대의 기반이 된다는 믿음에서 작동한다.

2.

> 유리벽 투명 속을 하늘소가 걷고 있다
> 생각은 끝이 없어 출구가 막혀 있다
> 영원히 벗어날 수 없다
> 허공이 감옥이다
>
> ―「안과 밖」 전문

유리벽은 투명하여 마치 아무런 벽이 없는 것처럼 느껴지지만, 가장 완벽한 밀폐 구조물이다. 마치 아무런 장애물 없이 세상 끝이라도 갈 수 있는 것처럼 개방되어 보이지만, 실상은 가장 완벽하게 하늘소를 가두고 있다. 인간들도 유리벽 안의 하늘소처럼 눈에 보이지 않는 사회 감시 시스템이나 통제 시스템 안에 갇혀 완전히 길들여진다. 치밀하고 견고하게 짜여 있는 감시·통제의 굴레는 겉으로는 잘 드러나 보이지 않는다. 그러나 우린 이미 유리벽 바깥을 잃고, 오직 유리벽 안에서만 살아갈 뿐이다. 우리는 그 벽 너머로 넘어간 적이 없다. 그래서 보이지 않는 마음의 벽에 갇혀, 끝없는 생각 속에서 길을 잃고 헤매는 중이다. "허공이 감옥"이라는 말은 자유로워 보이는 공간조차도 자신을 가두는 공간이라는 은유 장치로 기능한다. '나'로부터 벗어나, '우리'가 될 때, 우리는 비로소 자유를 얻는다.

> 이승과 저승 사이
> 서 있다고 생각해
>
> 못할 게 뭐 있겠어 신 내린 듯 춤을 춰
>
> 순간을 넘길 때까지
> 욕망은 참아야 해
>
> 생각이 유연하면
> 모든 일은 해결돼
>
> 폭풍에 대처하는 영리한 갈대를 봐
>
> 온몸을 눕히면서도

꺾어지지 않잖아

사는 게 고단할 땐
고개 들어 하늘을 봐

무릎은 굽혀도 자존심은 지켜야 해

세상이 털끝 하나도
건드리지 못하게
—「림보」 전문

    림보limbus는 굳이 종교적인 개념을 동반하자면 이승과 저승 사이를 뜻하지만, 이 시에서는 삶과 죽음의 갈림길 혹은 위태로운 경계에 놓인 주체의 상황을 상징하는 것으로 보인다. 주체는 삶과 죽음의 경계선 즉, 위기의 순간과 불확실한 현실 속에서 자신을 지키며 유연한 생각을 갖는 삶의 태도를 이야기하는 듯하다. 시의 도입에서 주체는 "이승과 저승 사이/서 있다고 생각"한다며, 자신이 삶의 극단적인 경계에 있음을 고백한다. 그러나 이런 위태로운 상황에서도 "못할 게 뭐 있겠어 신 내린 듯 춤을 춰"라고 말하며, 위태로운 순간을 도전과 해방의 계기로 바꾸려는 인식의 태도를 보여준다. "순간을 넘길 때까지/욕망은 참아야" 한다는 결심은 욕망의 절제와 유연한 생각, 합리적인 대처 능력과 같은 삶의 지혜를 강조하며, 위기의 순간을 넘기는 방법을 공유한다. "생각이 유연하면/모든 일이 해결"된다는 말을 바꾸어 보면, 어떤 관념에 완전히 사로잡혀 집착하거나, 그 관념에서 벗어나지 못한다면 결코 지옥을 벗어날 수 없다는 의미가 된다. 만약 폭풍을 마주하는 것이 자신에게 주어진 불가피한 과업이라 하더라도 폭풍을 악마화할 필요는 없다. 폭풍이 갈대를 괴롭히더라도 강한 바람에 맞서기보다 유연한 사고를 하며 때로는 몸을 눕히면서 견뎌내는 지혜로 욕망을 조절해 나간다면 결코 삶의 의지는 쉽게 꺾이지 않는다는 것을 말하고자 한다.

그리고 시인은 "사는 게 고단할 땐/고개 들어 하늘을" 보라고 권한다. 하늘은 장애물이 전혀 없는, 무한無限하게 확 트인 공간이다. 하늘은 자유롭고 개방적이다. 어떤 생각에 사로잡혀 있으면 구원은 없다. 주체는 "무릎은 굽혀도 자존심은 지켜야 해"라는 진술을 통해 삶의 굴곡 속에서도 자기 존엄만큼은 절대 포기하지 말아야 한다는 의지를 강조한다. "세상이 털끝 하나도/건드리지 못하게" 즉, 세상의 환경이나 조건에 이끌려 다니지 말고 스스로가 세상과 환경을 변화시키는 주체가 되라는 전언이다. 물질세계나 외부 현실(환경)이 인간의 마음을 창조하는 것이 아니라, 인간의 마음이 외부 현실(환경)에 투사되어 외부 현실을 창조하는 것이다. 그러므로 자기 삶에 주인의식을 갖고 살아야 한다.

흐리다 흐려진다

지운다 지워진다

스민다 스며진다

겹친다 겹쳐진다

자세히 들여다봐야 내 얼굴이 보인다

―「모자이크」 전문

　작은 조각들이 모여서 어떤 형태나 이미지를 만들어내는 미술 기법인 모자이크mosaic는 가까이서 보면 그 이미지들이 조각나 있고 흐려 보인다는 특성을 갖고 있다. 시각적인 이미지와 정서 표현을 절묘하게 결합해 내면 풍경을 형상화한 이 시는 흐림과 겹침을 전제로, 자아 찾기의 방법을 말해준다. 모자이크 특성상 조각 하나가 '나'일 수도, 모여진 조각 전체가 '나'일 수도 있는데, 시인은 이러한 의미의 특성을 능동형의 동사와 수동형의 동사를 병치하면서 자발적인 행위와 외부에 의해 변화되는 상태를 대비하고 있다. 가령, "흐리다"의 주체가 흐리게 만드는 행위지만, "흐려진다"는 스스로 혹은 외부의 원인에 의해 흐려지는 것을 말한다. 이는 '나'라는 존재가 점점 흐려지고, 지워지고, 겹쳐지고 있음을 보여주는 표현으로, 주체가 아직 자기 정체성을 찾지 못하는 상황임을 의미한다. "자세히 들여다"보는 노력이 있어야만 본질이 보인다는 것인데, 그 얼굴은 자신의 모습일까? 어떤 것이 점점 흐려지고 지워지고 스며들고 감춰지면서 이미 '나'의 본래 모습이 잘 보이지 않게 되었다. 조각조각이 모여 하나의 이미지를 만들듯이 '나' 역시도 여러 감정과 기억, 경험이 겹친 존재라는 의미가 아닐까?

주체는 그 많은 조각 중에서 자신일 수도 있는 모습을 찾아간다. 오늘날 자아가 어떻게 흐려지고 지워지며 타인의 눈빛과 복잡한 관계 속에 스며들면서 어떤 형태로 겹쳐지는지를 섬세하게 그려낸다. 조각조각 이어붙인 '나'를 알아보기 위해서는 세심하고 애정 어린 자기 인식의 과정이 필요하다. 대니얼 골먼Daniel Goleman 또한 『감성지능Emotional Intelligence』에서 "자신의 감정을 인식할 수 있어야 그것을 통제하고, 타인과 건강하게 상호작용할 수 있다"고 말한다. 이처럼 자기 인식은 단순한 자기 이해를 넘어서 감정 조절과 관계 형성을 통해 삶의 선택에 영향을 미치는 핵심 역량으로 기능한다. 김미린 시인은 현대 사회의 끊임없는 자극 속에서, 자신을 제대로 아는 것이야말로 흔들리지 않는 삶의 중심을 세우는 출발점이 된다는 것을 환기한다.

3.

눈빛만 마주쳐도 대화가 통합니다
봉오리 먼저 피고 향기가 돋아나요
통역은 필요 없어요

꽃은 이미 폈으니

묻는 말 엉뚱해도 당황하지 않아요
표정을 읽으면서 표정으로 대답해요
소통을 다시 배워요
진 꽃을 또 피워요

—「옹알이」 전문

'옹알이'는 보통 아기가 말을 배우기 전에 내는 소리이지만 완전한 문장이 아니어도, 마음이 통할 수 있음을 상징한다는 점에서 염화미소나 이심전심과 유사한 개념으로 이해해도 무방하다. 마음과 마음이 잘 통하지 않아서 언어가 만들어졌는데, 언어가 만들어져도 소통이 잘 안 되는 것은 아이러니하다. 이 시에서는 '말'이 아닌, 표정과 눈빛, 향기 같은 것들로 더 진한 대화를 나눌 수 있음을 역설한다. 진심으로 공감하고자 하는 마음이 통하면, 꽃이 피고 향기가 돋아난다. 아마도 주체는 우리가 아이의 언어를 배워야 한다고 표정으로 말하는 듯하다. 아이는 언어를 통하지 않고도, 서로의 의사나 감상을 순수하게 받아들이는 존재이기 때문이다. 우리는 편견이나 선입견 혹은 고정관념에 갇혀 순수함을 잃어버린 경우가 많은데, 아이의 순수함을 헤아려 소통하려는 마음을 배운다면 서로가 더 가까워질 수 있다. 언어가 아니라 마음으로 대화하는 방법이야말로 서로의 닫힌 마음도, 이미 끝난 관계도 회복할 수 있을 것이라는 희망을 안겨준다. "오른쪽 옆구리와 교신을 주고받다/끊기는 신호음에 적잖이 당황"(「소통」)하는 것은 몸으로의 소통조차도 이루어지지 않은 상황을 읽게 한다.

> 발꿈치 아프다고 절뚝이며 왔다가
> 눈치만 살펴보다 문 닫고 돌아선다
> 마음은 속도가 빨라 재빠르게 낚는다
>
> 색깔이 튄다거나 발음이 둥글거나
> 혼자서 뱅뱅 돌며 맥없이 벽 쌓는다
> 외로운 다문화 가정 허공 속에 문 낸다
>
> 사실은 말이에요 엄마가 오셨어요
> 어젯밤 텐트에서 셋이 같이 잤어요
> 다시는 안 간댔어요 베트남은 꽤 멀대요
> ─「해 뜨는 보건실 2─호인」 전문

'해 뜨는 보건실'은 몸과 마음이 아파서 보건실을 찾아온 아이들의 이름을 부제로 달면서 그들의 아픔을 다독여 주고 공유하는 형태로 진술된 연작시다. 이 시는 도입에 "발꿈치 아프다고 절뚝이며 왔다가/눈치만 살펴보다 문 닫고 돌아"서는 호인이의 마음을 주체가 재빠르게 눈치챈다는 장면으로부터 시작한다. 아이가 다문화 가정의 자녀라는 것은 둘째 수 종

장에서 금방 알 수 있다. 한국어가 모국어가 아닌 엄마의 경우, 한국어 능력이 서툴러 그의 아이에게 한국어를 제대로 가르치기 쉽지 않다. "색깔이 튄다거나 발음이 둥글거나/혼자서 뱅뱅 돌며 맥없이 벽 쌓"게 되는 이유는 남과 다른 자신의 처지 때문이다. 한국어 발음이 어눌하기에 학업을 따라가기 힘든데, 그런 이유로 따돌림을 당하거나 소외될 수도 있다. 또한 어젯밤에 텐트에서 잠을 청했다는 것은 이 나라에 정착하기 어려운, 유랑객이자 이방인과 같은 처지로서의 '호인이 가족'을 보여준다. 아이의 엄마는 "다시는 안 간댔어요 베트남은 꽤 멀대요"라고 했지만, 야외에서 텐트를 쳐 놓고 잠을 자는 것으로, 여전히 한국에 뿌리내리지 못하는 모습을 확인시킨다. 아이가 쉽게 마음을 못 여는 것은 엄마의 부재 때문이었다는 것을 짐작할 수 있다. "발꿈치 아프다고 쩔뚝"거리는 행위는 자신이 처한 환경과 조건 자체가 온전치 않다는 것을 보여주는 부분이다.

「해 뜨는 보건실 1—민우」에서 민우가 아픈 이유는 엄마의 사랑이 부재하였기 때문이다. 용돈도 주고 전화도 매일 하는 엄마이지만 아이는 자신의 곁에 있으면서 아낌없이 사랑을 주는 엄마가 필요하다. 경제적으로는 부족함이 없지만, 부모들의 바쁜 일상으로 가족애를 느끼기 어려운 요즘의 세태를 아이의 정서를 빌려 섬세하게 꼬집고 있다. 「해 뜨는 보건실 6—민희」에서 "다쳐도 피가 나도 아프지 않은걸요"라고 말하는 아이의 "해맑은 표정에" 체념이 읽어지는 이유도 사랑의 부재 때문이다. "아프면 아프다고 하렴/따뜻하게 안아줄게"라는 말 속에서 우리는 사랑과 소통의 절실함을 깨닫게 된다. 에마뉘엘 레비나스Emmanuel Levinas는 타인의 존재 앞에서 느끼는 근본적인 응답성과 책임감을 통해 진정한 윤리가 시작된다고 보았다. 즉, 나 자신을 중심에 두는 것이 아니라, 타인의 고통과 존재 자체를 순수하게 마주할 때 인간다운 삶이 가능해진다는 것이다. 시인은 '해 뜨는 보건실'이라는 이름으로 타인의 고통에 조심히 다가간다. 삶을 살아간다는 것은 자기 실현만을 위한 확장이 아니라, 타인의 고통을 외면하지 않고 그것을 나의 책임으로 받아들이는 태도에서 출발한다는 것을 시인은 안다.

4.

> 찬밥이 남은 날은 누룽지를 만든단다
> 냄비에 물 뿌리며 식은밥 얇게 펴고
> 묵묵히 기다리는 거야
> 바삭해질 때까지
>
> 마음이 조급하면 되던 일도 그르치지
> 뒤집고 긁어봐도 뭉치고 으깨지고
> 때 되면 절로 일어서지

> 살아보니 그렇구나
>
> ―「다 때가 있는 법」 전문

  시간을 들여야 치유되는 것이 있다. 조급하게 서두르면 오히려 일을 그르치거나 좌절하기 쉽다. 성급함은 다른 의미에서 욕심이 많다는 것을 의미하기도 한다. 이솝우화에 실린 「황금알을 낳는 거위」에서 거위는 신기하게도 매일매일 황금알을 낳는다. 성격이 급하고 욕심도 많은 주인 노부부는 거위의 뱃속에 황금이 많이 들어 있을 것이라고 믿고, 거위를 죽여 배를 가르는 만행을 저지른다. 그러나 노부부의 기대와 다르게 거위의 뱃속은 일반적인 거위의 뱃속과 다를 바가 없음을 확인한다. 그들은 성급한 마음 때문에 모든 것을 잃어버린 것이다. 봄에 씨를 뿌려도 땡볕이 쏟아지는 여름을 견딘 후에야 가을이 되어 수확을 할 수 있다. 주체는 인생의 타이밍과 기다림의 지혜를 소박하고 따뜻한 이미지로 전하며, 인내를 통해 성숙해지는 삶, 조급함의 위험과 기다림의 의미를 말하고 있다.

> 햇빛을 등에 지고 물웅덩이 바라보며
> 개구리 되어가는 사연을 읽고 있네
> 변신을 꿈꾸고 싶어
> 접선하는 중이네

오른쪽 검지를 펴 동그라미 그려 보네

물에 비친 얼굴보다 더 작게 더 예쁘게

욕심이 너무 컸는지

웅덩이가 작아지네

—「오류」 전문

  주체는 "물에 비친 얼굴보다 더 작게 더 예쁘게" 변신시켜 달라고 물웅덩이에 접선하는 중이다. 그러나 욕심이 너무 커서 웅덩이가 작아지는 오류를 만나게 된다. 실제 웅덩이가 작아진 것이 아니라 자신의 얼굴이 더 커져서 웅덩이가 상대적으로 작아 보인다는 것을 쉽게 읽을 수 있다. 원래 물웅덩이는 물에 비친 모습을 객관적으로 보여주었을 것이다. 하지만 시인은 웅덩이에 비친 내 모습은 진짜 내가 아닌 것 같아, 욕심을 키운 탓에 오히려 가능성을 줄이고 망쳐버리는 모습을 은유적으로 그린다. 변신을 꿈꾸었겠지만 그 과정에서 스스로를 줄이고 왜곡하는 오류가 발생할 수 있다는 것을, 그리고 오히려 스스로를 가둘 수 있다는 것을 말하고자 했던 것이다. 시인은 '고드름'을 통해 "마음이 삐딱할 땐 조금씩 비워보렴/ 하나를 받았다면 두 개를 주는 거야/가끔은 거꾸로 봐야 보이는 게 있단다"고 조언하며, 마음이 차갑고 삐딱해질 때, 비우고 나누는 태도를 견지하는 지혜를 알려준다. 탐욕은 오히려 자신을 죽이는 가시가 될 수 있다. 「고드름」은 욕심에 휩싸인 마음이 점점 딱딱해지고 위험한 형태로 변해간다고 말하며

"피노키오 코"처럼, "심장에 뿔"처럼 돋을 수 있다고 구체화한다. 하지만 시인은 따뜻한 마음이 차가운 가시와 뿔조차 사라지게 할 수 있다는 것을, 누군가에 대한 배려와 성찰의 과정을 통해 깨달아 가길 바라는 마음을 은유적으로 전한다.

    터진다
    쏟아진다
    줄어든다
    멀어진다
    마른다
    넘어진다
    뒤틀린다
    굳어간다
    꺾인다
    타들어 간다
    맞붙는다
    삭는다

                            —「부작용의 날들」 전문

  동사動詞를 나열하는 방식으로 구성된 이 시는 지나치게 욕심부리면 이와 같은 부작용이 생긴다는 경고를 준다. 세상에는 늘 압력이 있고, 그 압력에 따른 반작용이 따라올 수밖에 없다. 겨울에는 음압陰壓에 의해 씨앗이 단단하게 뭉치는데,

날이 풀리면 음압이 느슨해지거나 헐거워지면서 가장 약한 빈틈을 통해서 싹이 돋는다. 음압이 가장 많이 해체된 부위에서, 싹이 돋아나오는 것이다. 이런 압력과 '압력의 해체'가 자연에서는 일정한 시간을 두고 계속 반복된다. 이런 압력과 압력 해체가 너무 한쪽으로 치우치면, 일은 지연되고 정체되며 심할 경우 생명력을 잃게 된다. 여기서 부작용은 어떤 작용이 한쪽으로 너무 지나치니 반작용으로 나타나는 현상이다. 가령, 강하게 움켜쥐니 터지고 적정선에서 멈추지 못하니 쏟아지는 것이다. 가까워지려 하니 멀어지는 것이고 지나치게 습하니 생존을 위해 마르려고 하는 것이며, 위로 솟으니 넘어지는 것이고, 한쪽으로 치우치다 보니 뒤틀리는 것이다.

『도덕경』에서의 '반자도지동反者道之動'이란 개념처럼, 모든 존재는 한쪽으로 너무 치우치면 다른 쪽으로 균형을 맞추려고 본능적으로 동작이나 행위를 반대로 돌리려 한다. 그러므로 부작용은 살아가면서 균형을 잃은 것은 없는지, 편견은 없는지, 중요한 부분을 놓친 것은 아닌지 상기하며 자신의 편협한 세계관이나 가치관을 되돌아보게 하는 기능을 한다. 그러나 모든 조건을 완벽하게 갖추고 태어난 사람은 없기에 사람은 욕심을 버릴 수가 없고, 욕심을 품는 과정에서 부작용을 만날 수밖에 없다. 부작용을 경험하면서 자신의 욕망을 조정해 가는 일련의 과정에서 우리는 삶의 패러다임을 끊임없이 수정해 가며, 자기 정체성을 각성하고 영혼의 성장을 도모한다.

5.

신발을 높이 던진다
무지개가 펼쳐진다

환호성이 울린다 하늘까지 닿는다

만국기 펄럭일 때마다
아이들이 자란다

신발을 멀리 던진다
허기가 날아간다

명예가 따라간다 체면이 앞서간다

욕망은 멀어질수록
더 또렷이 보인다

탐욕은 가장 높이
치솟다가 뭉개지고

호기심은 낮게 날아 물수제비 뜨며 간다

신발이 닿는 곳까지

날갯짓을 펼친다

—「신발 멀리 던지기」 전문

  아이들이 신발을 던지는 행위는 단순한 놀이에 그치지 않고 자유롭고 활기찬 에너지를 상징하면서 자신의 영향력이 어디까지 미치는지를 보여주려는 행위로 보인다. 신발이 하늘로 날아오르는 순간 무지개가 펼쳐지고 환호성이 울려 퍼지는데, 이는 마치 아이들의 꿈과 희망이 무한한 가능성으로 충만하다는 인상을 준다. 학교는 아이들이 자신의 야망을 키우고 더 큰 꿈을 꾸게 돕는다. 그러나 신발을 멀리 던지는 행동은 삶의 허기를 떨쳐내고, 명예나 체면 같은 사회적 가치에 대한 욕망을 드러내는 행위로 확장된다. 그렇게 "욕망은 멀어질수록/더 또렷이 보"이면서 선명해지고, "탐욕은 가장 높이/치솟다가 뭉개지고", "호기심은 낮게 날아" 조용히 자신의 빈틈을 드러낸다. "신발이 닿는 곳"은 가능성과 상상의 경계인데, 주체가 지속적으로 "날갯짓을 펼치"는 행위는 꿈과 도전이 이어지고 있다는 것을 암시한다. 시인은 신발을 던지는 놀이를 통해, 성장, 사회적 욕망, 인간 본성, 삶의 궤적 등을 성찰하게 한다.

  시인은 「竹」을 통해 "삐딱한 욕심들은 애초에 다 비웠"지만 "욕망은 멈출 수 없어 직진하는 중"이라고 고백하며, "너에게 닿기 전에는 꽃 피우지 않겠다"고 말한다. 대나무를 통해 욕심을 비우고도 꺾이지 않는 강한 의지와 맑은 목표 의식을 드러낸다. 온갖 시련에도 굽히지 않고 묵묵히 자라며, 멈추지 않은 욕망을 직선처럼 뻗어내는 대나무와 같은 신념은 "온몸을 눕히면서도/꺾어지지 않"(「림보」)는 우리의 모습이다. 그러나 그것이 단순한 욕망이 아니라는 것은 "너에게 닿기 전에는" 자신을 완성시키지 않겠다는 결연한 다짐에서 알 수 있다. 욕망과 목표 사이에서 흔들리지 않는 단단하고도 절제된 자기 성장의 선언이야말로 결국 '나'라는 존재는 혼자서는 완성될 수 없음을 증명하는 행위다.

"누구도 간 적 없는 그 열정에 닿겠"다는 의지를 형상화한 「클라이밍」이라는 시에서 시인은 목표를 향한 치열한 도전과 집중이 있다면 삶의 꼭짓점에 닿을 수 있다는 신념을 드러낸다. 클라이밍climbing에서 중요한 것은 몸의 밸런스, 힘의 분배, 동선의 계획이다. 이 세 가지는 등반가가 더 높이 오를 수 있도록 도와주고, 에너지를 효율적으로 사용할 수 있게 하는 요소가 된다. 이 요소를 갖추지 못하면 지쳐 더 이상 나아갈 수 없다는 것을 알기에, 시인은 언어의 힘을 조율하는 유연한 사고와 "세상의 털끝 하나도/건드리지 못하게"(「림보」) 지켜내는 자존감으로 충만한 삶을 응시하는 것이다.

가히 시선 015

해 뜨는 보건실
ⓒ 김미린

초판 1쇄 인쇄	2025년 7월 18일
초판 1쇄 발행	2025년 7월 25일
지은이	김미린
펴낸이	김석봉
디자인	헤이존
펴낸곳	문학의전당
출판등록	제448-251002012000043호
주소	충북 단양군 적성면 도곡파랑로 178
전화	043-421-1977
전자우편	sbpoem@naver.com

ISBN 979-11-5896-698-0 03810

*이 책의 판권은 지은이와 문학의전당에 있습니다.
*양측의 서면 동의 없는 무단 전재 및 복제를 금합니다.
*잘못 만들어진 책은 바꿔드립니다.
*이 시집은 2025년 충청북도, 충북문화재단의 후원을 받아 예술창작활동지원사업의 일환으로 발간되었습니다.